# ME ENCANTA LAVARME LOS DIENTES

Por Shelley Admont
Ilustrado por Sonal Goyal y Sumit Sakhuja

www.kidkiddos.com
Copyright©2013 by S.A.Publishing ©2017 by KidKiddos Books Ltd.
support@kidkiddos.com

All rights reserved. No part of this book may be reproduced in any form or by any electronic or mechanical means, including information storage and retrieval systems, without written permission from the publisher or author, except in the case of a reviewer, who may quote brief passages embodied in critical articles or in a review.

Second edition

Translated from English by Laura Bastons Compta
Traducción al inglés de Laura Bastons Compta

Library and Archives Canada Cataloguing in Publication
I Love to Brush My Teeth (Spanish Edition)/ Shelley Admont
ISBN: 978-1-5259-1298-6 paperback
ISBN:978-1-926432-571 eBook
ISBN:978-1-926432-564 hardcover

*Para aquellos a los que más quiero – S.A.*

Llegó la mañana y el sol brillaba en el bosque lejano. Allí, en una casa pequeña, vivía el pequeño conejito Jimmy, con sus padres y sus dos hermanos mayores.

Mamá entró a la habitación que Jimmy compartía con sus hermanos.

Primero besó al hermano mayor, quien dormía plácidamente en su cama azul, y después le dio un beso al hermano del medio, que todavía dormía en su cama verde.

Finalmente, mamá fue a la cama naranja de Jimmy y le dio un beso.

—¡Buenos días, niños!—dijo mamá—. Es hora de levantarse.

Tras levantarse de la cama, el hermano mayor se fue al baño.

—¡Guau! —gritó—. ¡Tengo un cepillo de dientes nuevo! Es azul, mi color favorito. ¡Gracias, mamá! Y empezó a cepillarse los dientes.

El hermano del medio lo siguió.
—¡Yo también tengo un cepillo de dientes nuevo y el mío es verde! —exclamó, mientras también empezaba a cepillarse los dientes.

Jimmy se levantó de la cama y caminó lentamente hacia el baño. "¿Por qué molestarme en cepillarme los dientes?" pensó. "Mis dientes están bien como están."

—Mira, Jimmy —dijo su hermano mayor—. Tú también tienes un cepillo de dientes nuevo. Es naranja como tu cama.

—Así que tengo un nuevo cepillo de dientes, ¡gran cosa!—. Jimmy se detuvo frente al espejo, pero aún así no empezó a cepillarse los dientes.

—Chicos, ¡daros prisa! El desayuno está casi listo —oyeron que decía suavemente su madre—. ¿Habéis terminado todos de cepillaros los dientes?

—Yo terminé —contestó el hermano mayor saliendo del baño.

—Yo también —respondió el hermano del medio, corriendo hacia la cocina tras su hermano.

—Mamá, yo también terminé de cepillarme los dientes —gritó Jimmy. Y estaba a punto de salir del baño cuando oyó una voz.

—Está mal mentir —dijo la voz—. No te haz cepillado los dientes.

—¿Quién dijo eso? —preguntó Jimmy, mirando a su alrededor confundido.

—Aquí —respondió la voz—.

Parado sobre el mostrador, frunciéndole el ceño, estaba su nuevo cepillo de dientes naranja. ¡Jimmy no podía creer lo que estaba viendo!

—Un cepillo de dientes no puede hablar —dijo Jimmy con voz sorprendida.

—Por supuesto que puedo. Soy un cepillo de dientes mágico —dijo el cepillo —. Mi trabajo es hacer que todo el mundo se cepille los dientes.

Jimmy soltó una carcajada.
—Yo no me lavé los dientes y no me pasó nada malo.

—Mírate —dijo el cepillo—. Tus dientes están amarillos y tu aliento huele horriblemente mal.

—Eso no es cierto, cepillo. ¡Te lo estás inventando! —Jimmy cogió el cepillo de dientes y lo lanzó lejos, apuntando a la esquina del cuarto de baño.

A continuación, corrió a la cocina para desayunar.

—Esa no es manera de tratarme —dijo el cepillo—. Soy un cepillo de dientes mágico. ¡Te demostraré lo importante que soy!

En este momento, Jimmy ya se había sentado en la mesa de la cocina junto a sus hermanos.

Había cogido un emparedado y se disponía a llevárselo a la boca. Pero, entonces, el emparedado saltó desde las manos de Jimmy al plato de su hermano mayor.

En lugar del emparedado, Jimmy se había mordido los dedos, ¡y lo había hecho con mucha fuerza!

—¿De quién es este emparedado?—preguntó el hermano mayor.

—Mi emparedado se me escapó —respondió Jimmy—. ¡Es mío!

—Tienes una gran imaginación, cariño. ¿Cómo puede escaparse un bocadillo? —preguntó su madre.

—No sé cómo, pero eso es lo que pasó —dijo Jimmy.

Entonces, mamá le dio un plato lleno de ensalada.
—Mira, tal vez prefieras comer una deliciosa ensalada en lugar de eso —dijo la madre.

—Qué rico, me encanta la ensalada —dijo Jimmy, a punto de empezar a comer. De repente, el plato de ensalada saltó encima de la mesa y fue a parar junto a su hermano del medio.

—Mira —dijo el hermano mediano—. ¿Cómo ha venido a parar aquí tu plato?

—¡Tenías razón, cariño! ¡La comida huye de ti! —dijo su madre, asombrada—. ¡Esto es muy raro!

—Mamá, tengo hambre. ¿Qué puedo comer? —dijo Jimmy.

Mamá pensó por un momento.
—¿Qué tal tu pastel de zanahoria favorito? Te voy a dar una gran porción.

—¡Oh!, ¡Sí, pastel de zanahoria! —gritó Jimmy con gran alegría—. ¡Gracias, mamá!

Sin embargo, antes de que Jimmy pudiera comerse el pastel, éste empezó a flotar en el aire.

Jimmy empezó a perseguir el pedazo de pastel.

Saltó sobre el sofá, pero la tarta regresó a la mesa.

Jimmy volvió corriendo a la mesa y luego la tarta voló fuera de la casa. Jimmy corrió tras ella.

El pastel daba vueltas alrededor de la casa mientras Jimmy corría tras él. Otra vuelta y otra vuelta, y Jimmy seguía persiguiendo a su pastel.

Hasta que, por fin, se quedó sin aliento. Cansado, Jimmy se sentó en la entrada de la casa y empezó a llorar.

En ese mismo momento, dos de sus amigos pasaban por delante de la casa.

—!Hola Jimmy!—saludaron—, ¿Porqué te ves tan triste? ¡Ven a jugar con nosotros!

—¡Sí, me gustaría! —dijo Jimmy corriendo hacia ellos—. ¡No creerán lo que me ha pasado hoy!

Pero, en cuanto abrió la boca, sus amigos dieron un paso atrás mientras le decían:

—¡Ay, qué olor! Iremos a jugar a otro sitio mientras te cepillas los dientes—. Y salieron corriendo.

Estallando en llanto una vez más, Jimmy entró a su casa.

Se fue al baño y vio cómo el cepillo de dientes mágico estaba dando vueltas en el aire.

—¡Hola, Jimmy! Te he estado esperando. ¿Quieres cepillarte los dientes ahora? —Jimmy asintió con la cabeza.

Entonces, Jimmy comenzó a cepillarse los dientes, de un lado a otro, de arriba a abajo, de delante hacia atrás.

Se cepilló los dientes hasta que quedaron blancos y brillantes.

*Contemplando con orgullo su reflejo en el espejo, Jimmy dijo:*
—¡Gracias, cepillo! Cepillarme los dientes ha sido incluso agradable y divertido.

—¡Se te ve bien! —dijo el cepillo—. Por cierto, me llamo Leah y estaré siempre aquí para ayudarte.

*Así fue como Jimmy y Leah se hicieron grandes amigos.*

Desde ese día, se ven dos veces al día para proteger los dientes de Jimmy, ayudándoles a que crezcan fuertes y sanos.

www.ingramcontent.com/pod-product-compliance
Lightning Source LLC
Chambersburg PA
CBHW061131070526
44584CB00033B/4295